Dieses Buch ist ein
Geschenk von:

2. Edition

Autor:
Fabian Höchst

Verlag:
Nucleo – ein Label der
my dna media UG
(haftungsbeschränkt)
Ohmstr. 53
60486 Frankfurt am Main

Druck und Verarbeitung:
Customized Business Services GmbH
im Auftrag der Zeitfracht GmbH
Ferdinand-Jühlke-Straße 7
99095 Erfurt

ISBN:
978-3-98561-019-8

NUCLEO

Fragen, Anregungen, Feedback?

Schreibe uns an **info@nucleo-verlag.de** oder besuche uns im Web auf **nucleo-verlag.de**

Ho, Ho, Ho - Ein Wort bevor es losgeht

Du hältst in deinen Händen den Endgegner von Weihnachten – von vielen auch das Anti-Geschenk-Buch genannt. Dieses Buch wird dir alles abverlangen. Dafür darfst du deine ganze Wut, Gefühle und Sorgen daran ablassen. Wann immer du aufgefordert wirst: maltrātiere, zerreiße, zerstöre dieses Buch und sorge dich nicht um sein Aussehen.

Als Belohnung für das Schaffen jeder Aufgabe darfst du sie in der Liste abhaken. Mach Weihnachten fertig und schaffe alle Aufgaben!

Abhakliste

- [ ] Ein Andenken (S. 7)
  Klebe Geschenkpapier rein
- [ ] Ein köstliches Eis (S. 13)
  Lecke am Zapfen
- [ ] Früher war mehr Lametta (S. 14)
  Schneide das Buch in dünne Streifen
- [ ] Bestes Geschenk ever (S. 17)
  Danke dem Schenker
- [ ] Schoko-Kreide (S. 18)
  Male mit einem Schokolebkuchen
- [ ] Alle Jahre wieder (S. 20)
  Führe eine Strichliste zu „Last Christmas"
- [ ] Team Osterhase (S. 21)
  Dekoriere die Wohnung mit Ostersachen
- [ ] #Haha (S. 22)
  Führe den Text fort
- [ ] Maul-Stapler (S. 24)
  Stopfe Plätzchen in den Mund
- [ ] Weiße Weihnachten (S. 25)
  Mach die Seite weiß
- [ ] Der frühe Vogel und sowas ... (S. 27)
  Poste ein Lebkuchenbild im Juli
- [ ] „Das wäre doch nötig gewesen" (S. 28)
  Schreibe Geschenke auf, über die du dich wirklich gefreut hättest
- [ ] Schlitterpartie (S. 30)
  Rodel mit dem Buch

Abhakliste 

Abhakliste

Abhakliste

- [ ] Ich kann Kreise malen (S. 150)
  Zeichne über die Engel einen Heiligenschein
- [ ] Wahr oder falsch? (S. 152)
  Löse alle Fragen
- [ ] Das letzte Einhorn (S. 155)
  Schneide bis auf eins allen Einhörnern das Horn ab
- [ ] Kaltes Vergnügen (S. 157)
  Friere das Buch ein
- [ ] Dein Geschenk – mein Geschenk (S. 159)
  Schenke dieses Buch zurück

Ein Andenken

Reiße diese Seite raus und klebe
stattdessen ein Stück

**Geschenk-
papier**

hin, in das dieses Buch eingepackt war.

Ein köstliches Eis

Jamm, jamm, jamm. Dieser Eiszapfen sieht lecker aus. Lecke an ihm!

Früher war mehr Lametta

Reiße die rechte Seite raus und **schneide** entlang der Linien fein säuberlich duffte **Lametta-Streifen,** mit denen du deinen Baum dekorierst.

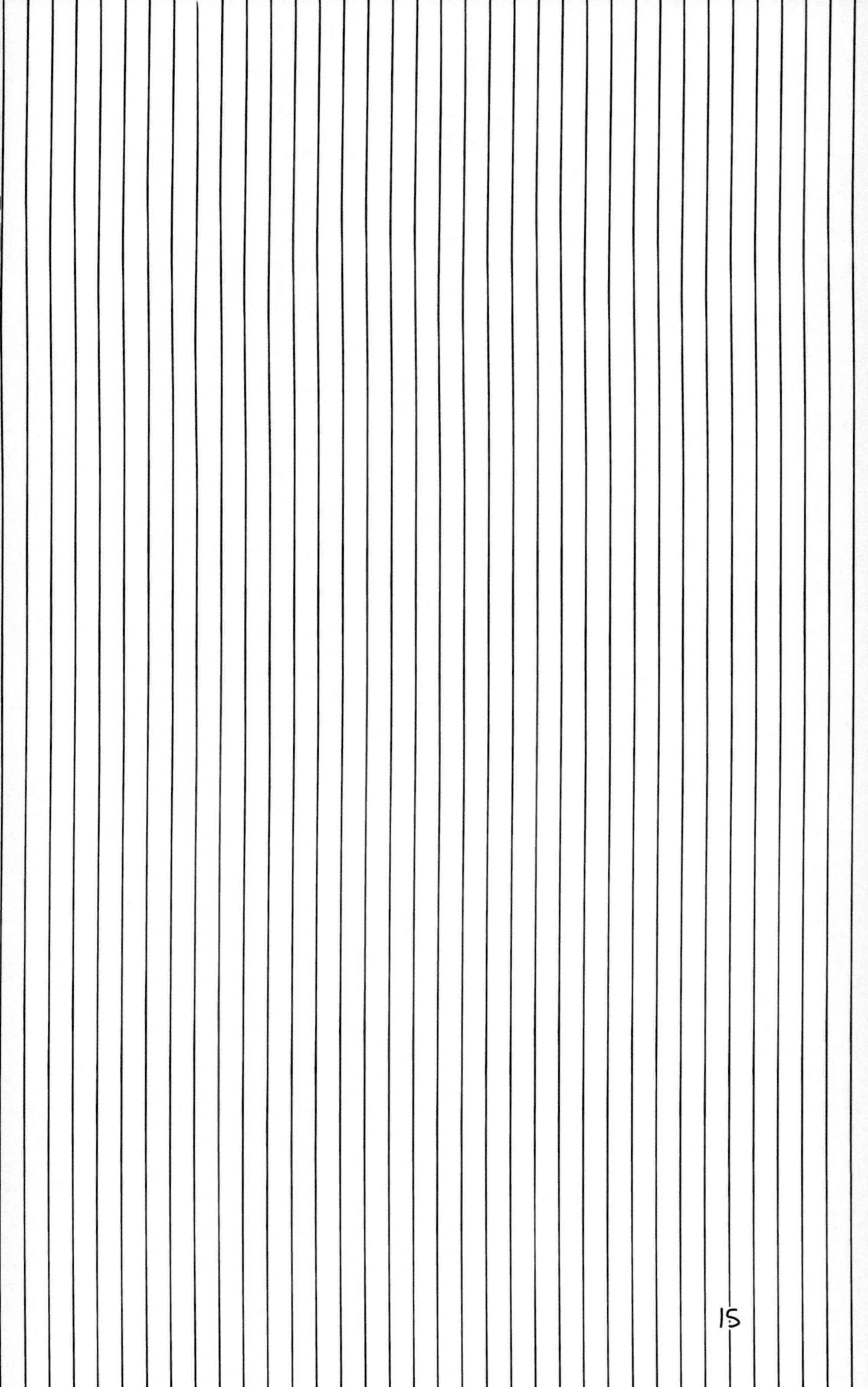

Bestes Geschenk ever

Danke dem Schenker für dieses Buch, dass es das schönste Weihnachtsgeschenk ist, das du jemals bekommen hast.

Schoko-Kreide

An dieser Stelle hätte unser Grafiker einen Weihnachtsbaum platzieren sollen. Hat er nicht und daher kommst du ins Spiel:

Nimm dir einen Schokolebkuchen und zeichne damit einen **Weihnachtsbaum** hier hin.

Alle Jahre wieder

Führe eine Strichliste. Jedes Mal, wenn „Last Christmas" irgendwo geträllert wird, klappst du das Buch auf dieser Seite auf und platzierst hier einen Strich.

Du bist von der Aufgabe entbunden, wenn sich mind. 20 Striche angesammelt haben.

Team Osterhase

Hohle in der Nacht die **Osterdeko** aus dem Schrank (du hast keine? Eier und Karotten tuen es auch!) und dekoriere damit die Wohnung. Mache Fotos davon.

#Haha

Eine Gedenkminute an die, denen es nicht so gut geht: Geburtstagskinder am 24.12. In stiller Andacht führe den Text würdevoll mit lauter „Hahas" bis zum Ende fort.

Maul-Stapler

Wie viele Plätzchen bekommst du in den Mund, ohne zu kauen?

Schreibe die Zahl deines Triumphes in das Feld.

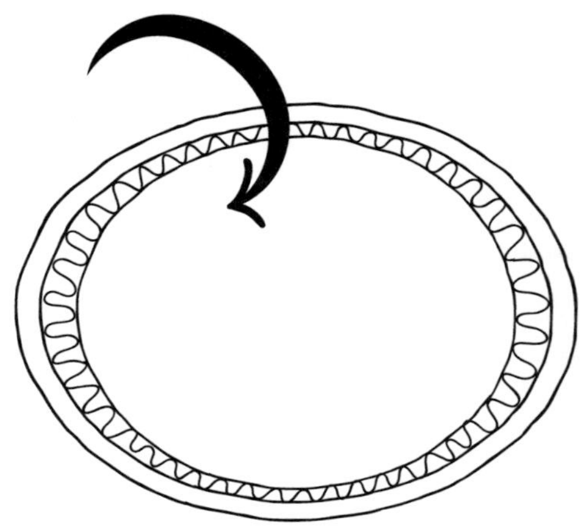

Weiße Weihnachten

Unternimm irgendwas, damit die Seite weiß wird. Egal was, hauptsache die Seite ist wieder weiß ...

Der frühe Vogel und sowas ...

Schnapp dir dein Smartphone und knipse ein Bild von einer Packung Lebkuchen.

Richte dir nun einen Kalendereintrag für den 1. Juli nächstes Jahr ein mit dem To-Do:

Lebkuchen-Bild auf Instagram und Co. posten mit dem Hinweis „Die Supermärkte sind dieses Jahr aber auch früh dran".

„Das wäre doch nötig gewesen“

Na, schon Freude an diesem Buch oder hättest du lieber eine PlayStation wollen?

Schreibe mindestens fünf Geschenke auf über die du dich wirklich gefreut hättest.

Über was ich mich wirklich gefreut hätte:

Schlitterpartie

Fahre Schlitten mit dem Buch. Lege es auf den Boden, setz dich drauf und schieb dich durch die Wohnung.

Krippenspiel mal anders

Tausche die Figuren in der Krippe gegen Action-Figuren wie den

Hulk, He-Man, Terminator

und Co. aus. Mache davon ein Foto.

Keine Krippe? Dann wird es Zeit, schnell eine zu bauen: Hol die Actionfiguren und nimm als Stroh ein Bündel Klopapier (unbenutzt du Ferkel!)

Die Fratze des Grauens

Blätter durch das Buch. Auf jeder Seite, auf der ein Weihnachtsmann zu sehen ist, zensiere das Gesicht mit einem

fetten, schwarzen Balken.

Weihnachts-basteln

Zeit, kreativ zu werden und sich künstlerisch zu betätigen. Schmiere Kleber entlang der gestrichelten Linien. Klappe nun das Buch zu, lass es trocken und zack, fertig: Dein Weihnachtsbastelprojekt.

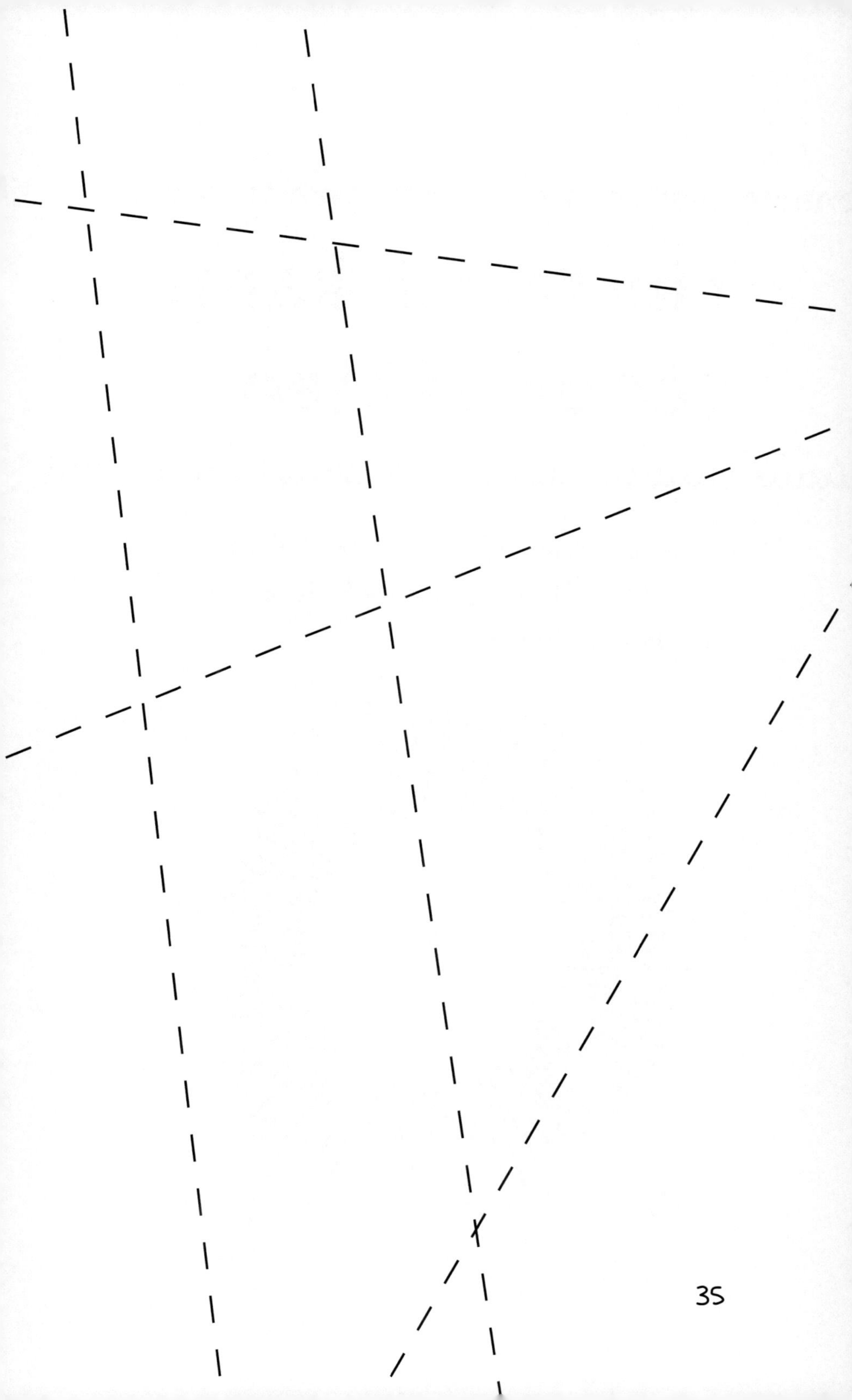

Hurra, ich kann schon zählen

Zähle, wie viele Zacken der Stern hat. Notiere die Zahl. Blättere nun auf die Seite, die der Zackenzahl entspricht.

„Was für ein schöner Baum“

Jedes Mal, wenn der Weihnachtsbaum gelobt und als schön bezeichnet wird, trinke einen Kurzen. Führe eine Strichliste, wie viele Schnäpse du schon getrunken hast.

Den ersten schenke ich dir: Der Baum ist aber auch wirklich schön.

„Hab ich selbst gemalt“

Male ein Bild vom Weihnachtsmann auf die rechte Seite.

Male dabei mit deiner **linken Hand**, wenn du Rechtshänder bist (bzw. genau umgekehrt).

Schenke das Bild voller Stolz deiner Mutter und sag: „Hab ich selbst gemalt.“

Für Mama von ___________

Datum: _______________

Jetzt ein leckeres Plätzchen

Mjamm, dieses Plätzchen sieht doch lecker aus. Da kann man gar nicht widerstehen. Worauf wartest du noch,

beiß schon in das Plätzchen.

Bullshit-Bingo mit dem Weihnachtsmann

Wann immer du einen der genannten Sätze hörst, streiche das entsprechende Feld durch.

Schaffst du es, eine Reihe (horizontal, diagonal oder vertikal) zu bilden?

„Das wäre doch nicht nötig gewesen."	„Das ist aber ein schöner Baum."	„Das kann man immer gebrauchen."	„Wer will alles einen Schnaps?"	„Leg doch mal das Handy weg."
„Ohhh, ein Gutschein."	„Aber nächstes Jahr nicht mehr so viel, ja?!"	„Wir haben doch gesagt, wir schenken uns nichts."	„Vielleicht schneits ja noch."	„Jetzt ist schon wieder ein Jahr rum."
„Haben wir ein Glück mit dem Wetter."	„So viele Geschenke."	~~Freies Feld~~	„Das sind ja leckere Plätzchen."	„Wollt ihr etwa schon heimfahren?"
„Die Couch gehört mir."	„Ohh, Socken."	„Und was macht ihr so an Silvester?"	„Wer soll das nur alles essen?"	„Gleich kommt Sissi im TV."
„Schau mal in die Kamera."	„Selbstgebacken?"	„Boah, bin ich voll."	„Ich war mir nicht sicher, ob es das richtige ist."	„Genau das, was ich mir gewünscht habe."

Das Fest der Liebe

Niemand will an Weihnachten allein sein.
Nimm das Buch mit ins Bett,

kuschle mit ihm, streichle es, liebkose es ...

Der Baum wird zur Disco

Jetzt kommt Stimmung in die Bude. Knipse die Weihnachtsbeleuchtung

an/aus,
an/aus,
an/aus.

Mach das mindestens so oft, wie alt du bist.

Türsteher

Du wolltest schon immer mal Türsteher sein? Jetzt kommt deine Chance.

Die Toilette ist ab sofort hinter einer Bezahlschranke. Du bist der Besitzer von ihr.

Klebe das Schild an die Tür und verlange für jeden Gruß an die Kanalisation Eintritt.

Pfandrückgabe
vom Weihnachtsfest
Pro Besuch wird ein Eintritt
von einem Euro fällig.

Alles hat seinen Preis

Frage den Schenker, wie viel dieses Buch gekostet hat.

Jetzt weißt du, was du ihm **wert** bist.

Eine sehr, sehr traurige Kindheit

Schreibe die Geschenke auf,
die du als Kind **immer** haben wolltest,
aber **nie** bekommen hast.

Was mir Mama und Papa nie geschenkt haben:

Traum in Weiß

Dekoriere den Weihnachtsbaum neu mit einer Rolle Klopapier und behaupte, endlich gibt's mal wieder weiße Weihnachten.

„Regen wäre mir jetzt lieber“

Zeichne die Form der Schneeflocke fein säuberlich nach. Strich für Strich, ganz gerade und akkurat.

Lass es schneien

Reiße die Seite raus, fetze sie akribisch in

klitzekleine Stücke

und wirf sie als Schneekonfetti
auf die anderen.

Geschenke-König

Verpacke dieses Buch wieder in Geschenkpapier und schenke es dir selbst noch einmal.

Werde zum Grinch

Wehe, du kneifst:

Öffne das Geschenk eines anderen.

Nur wenn du dich an diese Prüfung traust, darfst du folgende Urkunde an dich reißen.

Die gezeichnete Bruder- und Schwesternschaft der Weihnachts-Querulanten bestätigen hiermit ________________ (dein Name) die Aufnahme in ihren coolen Club.

________________ (dein Name) hat in einer schwierigen Situation absoluten Mut bewiesen und sich damit Respekt verdient.

Als Verdienst erhält ________________ (dein Name) feierlich diese Urkunde überreicht, die er/sie sich selbst einrahmen kann.

Künstlerisches Talent

Male den Tannenzweig grün an. Nimm dazu aber nur echte Tannennadeln vom Weihnachtsbaum.

„Mist, hab ich auch …“

Zeit für ein gemeinsames Spiel. Such dir ein paar Leute und spiel

„Stadt, Land, Fluss“

mit folgenden Themen:

- Stadt mit kalten Temperaturen
- Beleidigung für den Weihnachtsmann
- Geschenk für die Oma
- Plätzchensorte
- Promis mit weißem Bart
- Weihnachtslied

Santagram

Das ist die Social-Media-Seite vom Weihnachtsmann. Fülle sie nach bestem Gewissen aus.

Profilbild: Male einen heißen Avatar von Santa

Name: Santa Claus

Spitzname: ______________________

Alter: ____________

Beziehungsstatus: ________________

Leute, die keine Geschenke von mir bekommen:

____

____

____

Geschenke, die ich selbst behalte:

____

____

____

Lass deine Gefühle raus

Kratze

solange an den Augen des Weihnachtsmanns mit deinen Fingernägeln, bis du zur nächsten Seite durchgedrungen bist.

Beweis für guten Geschmack

Drapiere hier einen ordentlichen Klecks Bratensaft vom Weihnachtsessen.

Herausforderung für Pros: Lass den Fleck wie ein Rentiergeweih aussehen.

Lass es knallen

Schüttle

die Sektflasche ordentlich durch. Kleiner Haken: Du darfst das Buch nur mit einer Hand und nur an dieser Seite anfassen.

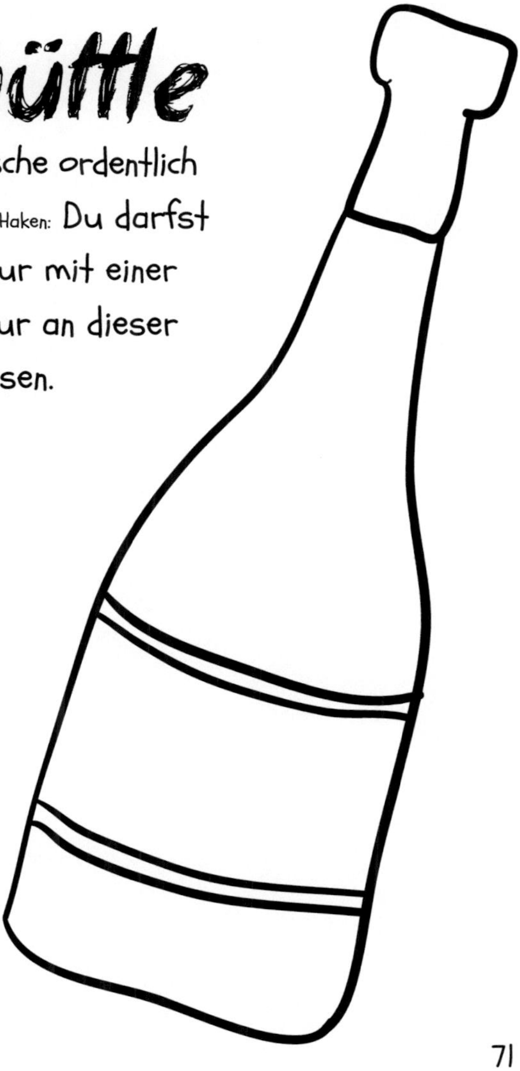

Dein Finger, der DJ

Schließe deine Augen und tippe auf dieser Seite irgendwo hin. Das Feld, auf das dein Finger zeigt, bestimmt den nächsten Musiktitel.

„Last Christmas" – Wham!

„Last Christmas" – Wham!

„Last Christmas" – Wham!

„Last Christmas" – Wham!

„Last Christmas" – Wham!

„Last Christmas" – Wham!

„Last Christmas" – Wham!

„Last Christmas" – Wham!

„Last Christmas" – Wham!

Feuchte Sause

Male alle alkoholischen Getränke auf, die du über die Festtage trinkst.

Kein Alkohol? Dann male alle Süßigkeiten hin, die du futterst.

Auch Dinos feiern Weihnachten

Male jedem Dino eine Weihnachtsmannmütze auf den Kopf.

Ostern oder Weihnachten?

Hier siehst du einige internationale Begriffe für Weihnachten und Ostern.

Durchbohre alle Wörter, bei denen du glaubst, sie stünden für Weihnachten.

Nachdem du alle Fragen gespielt hast, blättere um und du siehst die Lösung.

 Hurra, wie lange hast du denn jetzt dafür gebraucht?!

Rozhdestvo
Božic
Kurisumasu
Lihavõtted
Påsk
Veľká noc
Ziemassvetki
Giáng sinh
Pääsiäinen

Weihnachten
(bosnisch)
Weihnachten
(russisch)
Weihnachten
(japanisch)
Ostern
(estnisch)
Ostern
(schwedisch)
Ostern
(slowakisch)
Weihnachten
(lettisch)
Weihnachten
(vietnamesisch)
Ostern
(finnisch)

Wohl zu viel daran gerochen

Schnapp dir eine bunte Wachskerze. Male mit ihr einen Schneemann hier hin.

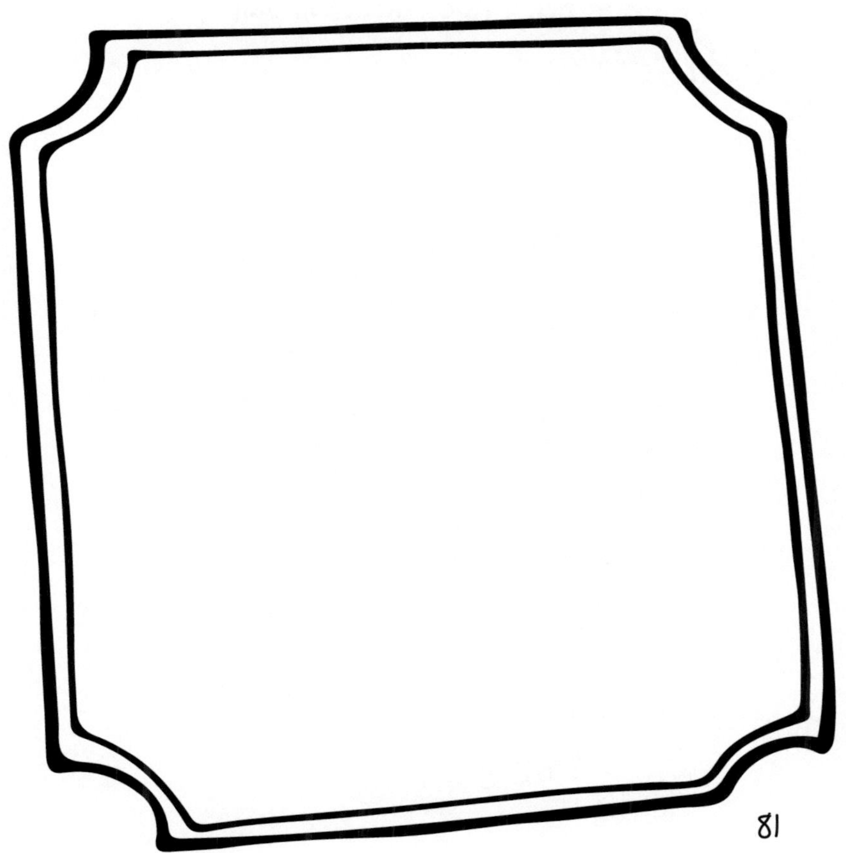

Hilfe, der Schnee-mann schmilzt

Rette den Schneemann,
indem du das Buch über Nacht in den
Kühlschrank tust.

Zerstöre diese Kugel

Tritt so lange mit einem Schuh auf diese Seite, bis die Kugel so richtig zerfetzt wurde.

TV-Junkie

Zappe jetzt durch das TV und schreib auf, was gerade läuft.

ARD: ______________________

ZDF: ______________________

RTL: ______________________

Sat. 1: ______________________

Pro7: ______________________

RTL zwei: ______________________

Kabel 1: ______________________

Vox: ______________________

Arte: ______________________

Die Bruchbude des Nikolaus'

Male in jedes dieser Felder das Haus vom Nikolaus.

Anleitung:

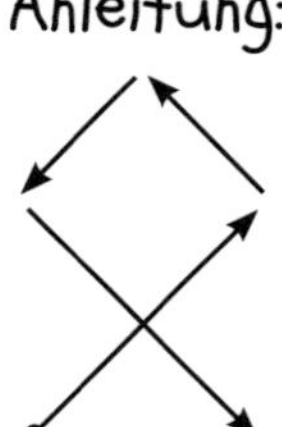

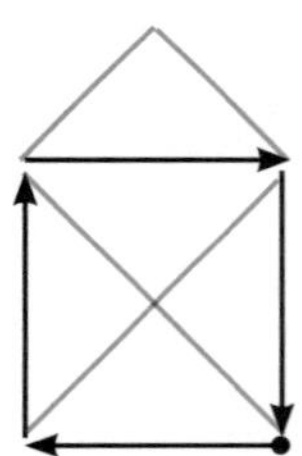

Enttäuschte Gesichter

Mach die Kinder traurig,
indem du auf dieser Seite alle Geschenke
wegreißt.

Kulinarisches Andenken

Wische dir genüsslich nach dem Festessen den Mund mit einer Serviette ab. Klebe dann ein Stück Serviette hier rein.

Platz für eine Serviette

Schlechte Vorsätze

Schreibe fünf Dinge auf, die du nächstes Jahr garantiert nicht machen wirst.

#denmutigengehoertdiewelt

Bevor du weiterliest, denke an einen Buchstaben und schreibe ihn auf.

Öffne nun die Telefonliste auf deinem Handy und tippe den Buchstaben ein. Schreibe dem ersten Kontakt, der als Treffer angezeigt wird, folgende Nachricht:

Hey, du weißt ja, dass Weihnachten das Fest der Liebe ist. Da wollte ich es endlich mal sagen …

Igitt, Schnee

Winter. Kalt. Glatt. Schnee. Muss das denn wirklich sein? Nein!

jede Schneeflocke mit einem Stift säuberlich durch und lass sie verschwinden.

Andenken an den Advent

Schütte einen ordentlichen Flecken Wachs auf diese Seite und klappe das Buch zu. Lass das Wachs so richtig einziehen und in jede Ritze laufen.

Plätzchen-Orakel

Nimm dir ein Plätzchen. Halte es mit beiden Händen und brich es. Die Form des Bruchs gibt Aufschluss darüber, wie das nächste Jahr verläuft

Die perfekte Kante

Glück, Kohle und jede Woche ein Croissant sind dir gewiss.

Kante im oberen Drittel

Du solltest mal wieder auf den Regalen staubwischen.

Krümel

Du wirst zunehmen.

Kleine Ecke

Das Schicksal backt für dich nur kleine Brötchen.

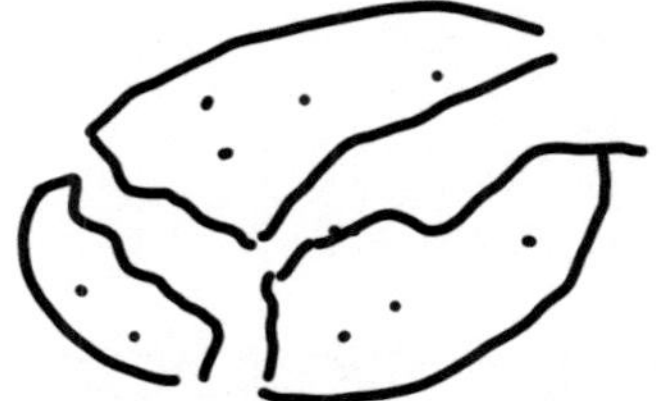

Dreigeteilt

Flotter Dreier oder Drillinge erwarten dich.

Trümmerhaufen

Du bekommst Nachwuchs und schlaflose Nächte.

Kante im unteren Drittel

Dein Leben wird sich mehr auf der Süd-halbkugel abspielen.

Mal. Mich. An.

Male den Mantel und die Mützes des Weihnachtmannes **rot** an – mit einem **Lippenstift**. Du besitzt keinen? Frage deine Freundin, Bekannte, Verwandte oder wen auch immer – aber leih dir gefälligst einen.

Weihnachten zusammen verbringen

Verstecke die Fernbedienung des Fernsehers und lasse sie erst nach den Festtagen wieder zum Vorschein kommen.

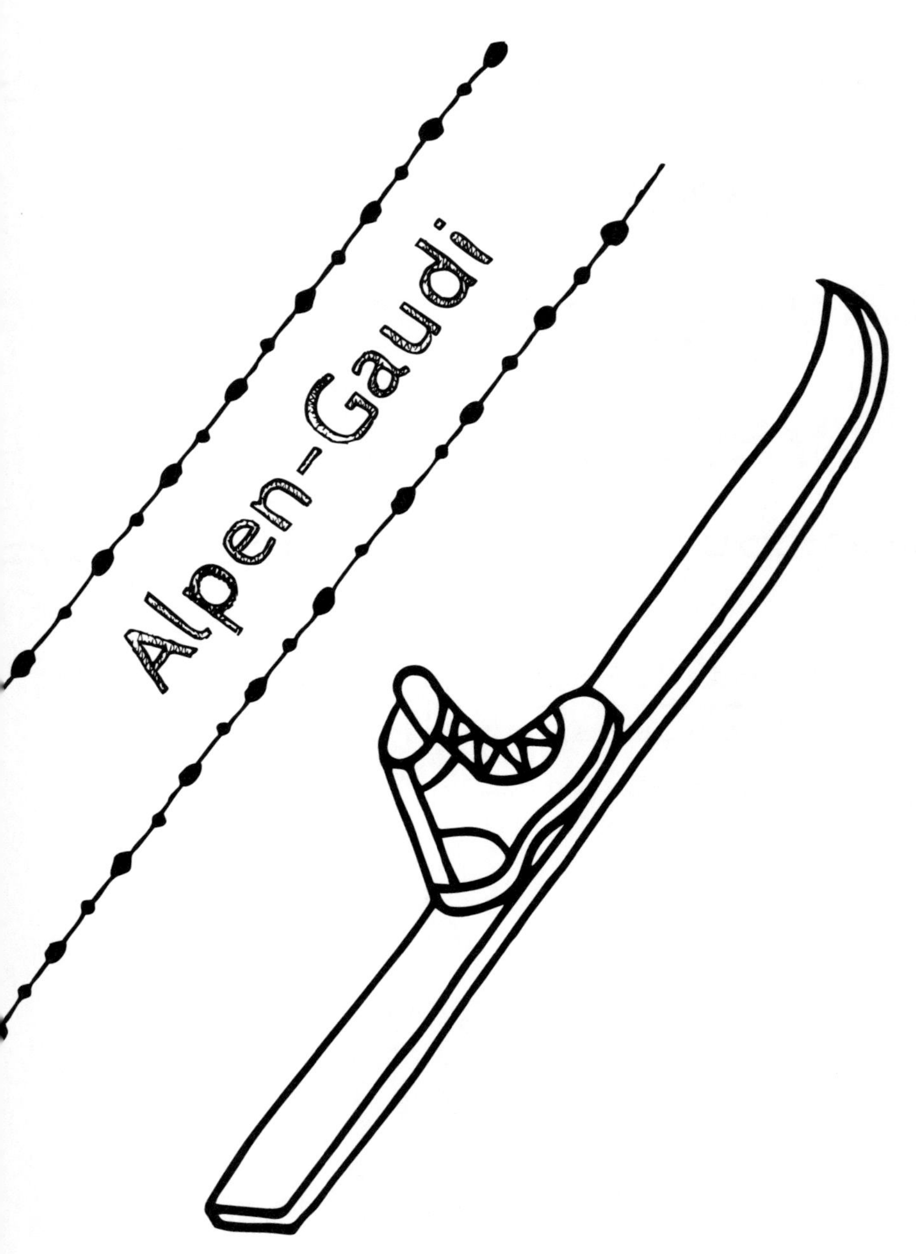
Alpen-Gaudi

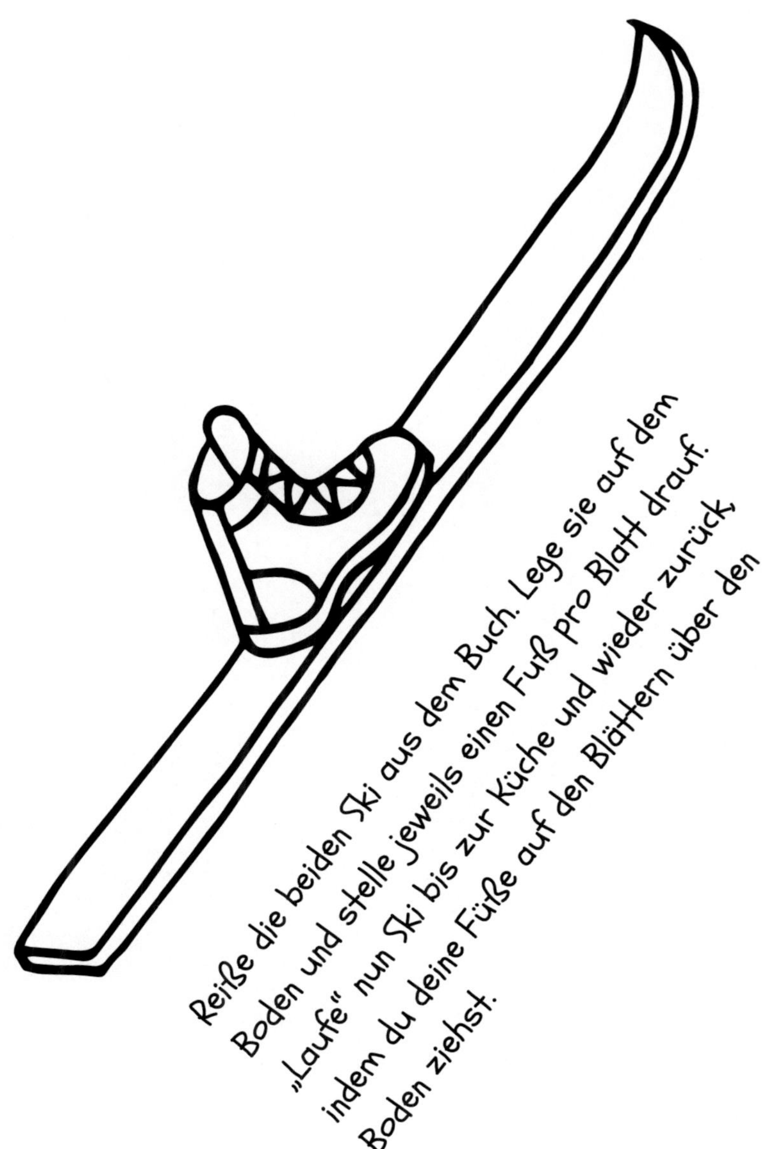

Reiße die beiden Ski aus dem Buch. Lege sie auf dem Boden und stelle jeweils einen Fuß pro Blatt drauf. „Laufe" nun Ski bis zur Küche und wieder zurück, indem du deine Füße auf den Blättern über den Boden ziehst.

Duftende Weihnachten

Hinterlasse eine ordentliche Duftnote.

Wenn Parfüm verschenkt wurde, sprühe es hier hin.

Es wurde kein Parfüm verschenkt? Dann reib das Buch an deine Achseln und riech dran. Vielleicht wäre Parfüm ja doch das bessere Geschenk gewesen.

Hoch am Himmelszelt

Kritzle die Seiten mit einem dunklen Stift so lange voll, bis nur noch die Weihnachtssterne hell strahlen.

Nussknacker

Eine Theateraufführung in drei Akten.

Akt 1:

Lege eine Nuss in den
Mund des Nussknackers.

Akt 2:

Klappe das Buch zu.

Akt 3:

Schlage mit der Faust auf das Buch,
bis die Nuss geknackt ist.

Schöner Fleck

Stelle hier eine Tasse mit einem heißen Kakao oder Kaffee so ab, dass die Tasse einen ordentlichen Fleck mit einem Tassenabdruck hinterlässt.

Malasutra

Male ein Porträt vom Weihnachtsmann.

Winzig kleiner Haken: Der Stift muss zwischen deinen Zehen am Fuß geklemmt sein.

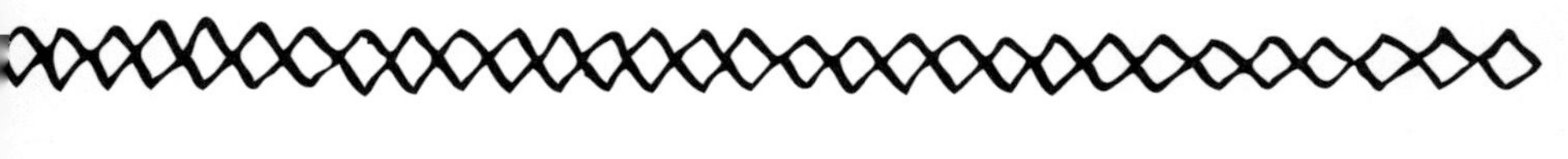

Verglühtes Kaminfeuer

Kritzle so lange mit einem Bleistift, bis das Holz „verkohlt" und schwarz wie Asche ist.

Der Bleistift muss bis zur nächsten Seite durchgedrungen sein.

Für den Mann mit dem Fetisch

Klebe eine Socke in dieses Buch. Denn man weiß ja nie, wann der Weihnachtsmann vorbeischaut und sie füllt.

Beschauliche Stimmung

Mach die Kerzen am Adventskranz aus.

Reiße die Flammen raus
oder mach sie nass.

Am Himmel ist's dunkel

Male alle Sterne aus, bis kein Weiß mehr zu sehen ist.

Groß im Geschäft

Das ist Santa auf dem Klo. Male die längste Kackwurst bis zum Abfluss.

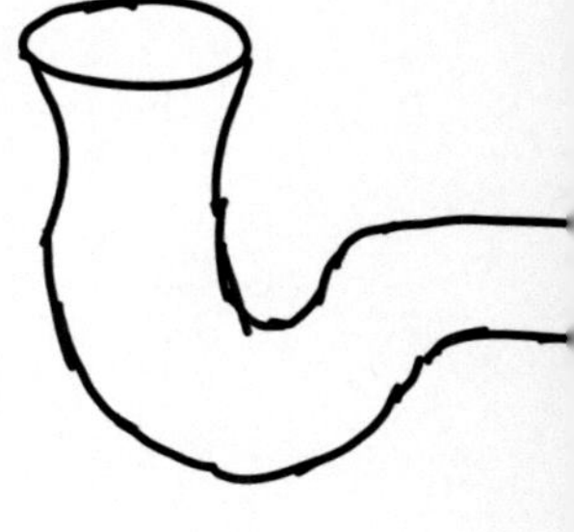

Geschenke für die Tonne

Socken, Parfüm oder Gutschein für ein Howard-Carpendale-Konzert bekommen? Tja, Pech gehabt, vielleicht läuft's nächstes Jahr besser …

Schreibe Geschenke auf, die du schon mal bekommen hast, aber loswerden wolltest.

Hässliche Geschenke, die ich
loswerden wollte:

Leckerer Weihnachtsduft

Erstelle eine Duftsymphonie für die Sinne.

Schmiere, rubble, kleckere

hier alle winterlichen Gewürze und Substanzen hin, die du in der Küche findest.

Unser Küchenchef empfiehlt: Zimt, Mandarinenschalen, Anis, Kardamom und Zitronenaroma.

Zeit für Entspannung

Male die Illustration höchst säuberlich aus, so dass deine frühere Kunstlehrerin beeindruckt wäre. Du darfst dieselbe Farbe nie an einer angrenzenden Fläche verwenden.

Der nackte Santa Claus

Ein Weihnachtsmann ohne Bart ist wie Winter ohne Glatteis. Verpasse Santa einen Bart.

Dein Hilfsmittel:

Rasierschaum

Mo eim mömes Mild

Male einen Weinachtstern mit Schweif. Aber Finger weg! Du darfst den Stift nur in den Mund nehmen.

Rudolph ohne rote Nase

Küsse

die Nase des Rentiers mit rotem Lippenstift auf deinen Lippen.

Du trägst keinen Lippenstift? Dann suche jemanden, der dieser Aufgabe gewachsen ist.

Fürs Schrott-wichteln zu hässlich

Stimmt gemeinsam darüber ab, was das hässlichste Weihnachtsdeko-Element in der Wohnung ist.

Male eine Skizze von der Deko in den Rahmen.

1. PLATZ FÜR HÄSSLICHKEIT

Spielmarathon

Zeit für eine Runde Festtags-Gaudi. Such dir mindestens einen Mitspieler und kämpft gegeneinander.

Der Gewinner darf Seite 142 rausreißen und sich einrahmen.

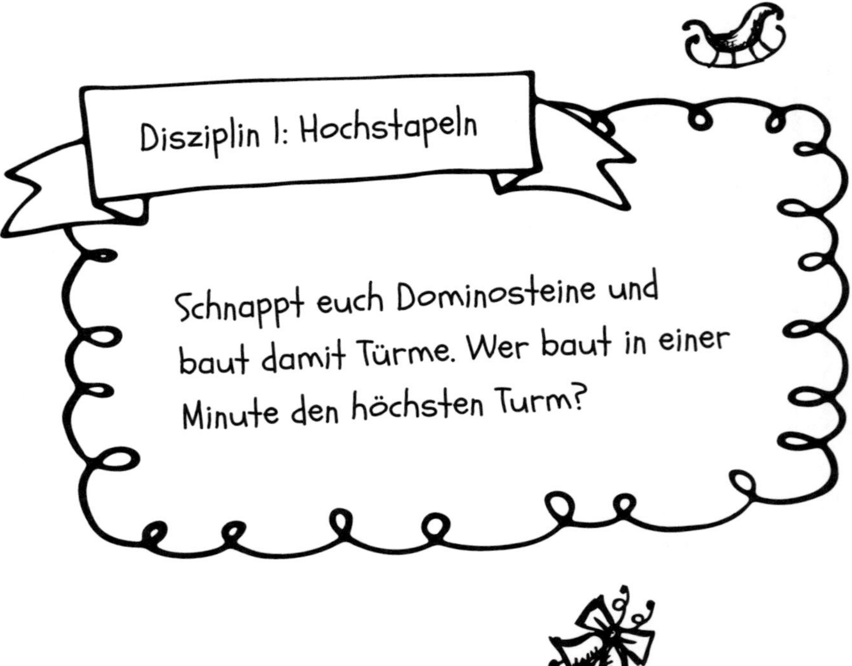

Disziplin 2: Fescher Schmuck

Wer kann sich innerhalb einer Minute mehr Weihnachtsbaumkugeln ins Gesicht und an die Ohren hängen?

Disziplin 3: Flinke Hand

Jeder greift sich eine Mandarine. Wer kann seine Mandarine schneller schälen – mit nur einer Hand?

Siegerurkunde

Ich bin der feierliche Sieger der Weihnacht-Lympics ________ (Jahreszahl).

Die Teilnehmer bestätigen, dass sie Loser und ich der wahre Champion bin.

____

____

(Alle Verlierer hier unterschreiben)

Überreicht vom Bundes-Weihnachtsmannpräsidenten

So ein leckeres Gesöff

Drapiere einen **ordentlichen Klecks** Glühwein auf diese Seite und lass ihn einziehen.

Tee oder Punsch tuen es zur Not auch.

Du hast sie doch nicht mehr alle ...

Dir ist schon klar, dass dieses Buch ein Geschenk vom Weihnachtsmann ist?! Was hast du nur mit seinem Gesicht gemacht.

Male auf jeder Seite, wo du Santa Claus zensierst hast, ein neues Gesicht mit Bart, liebevollen, zärtlichen Augen, Mütze und einem Lächeln hin.

Ein Winter-märchen

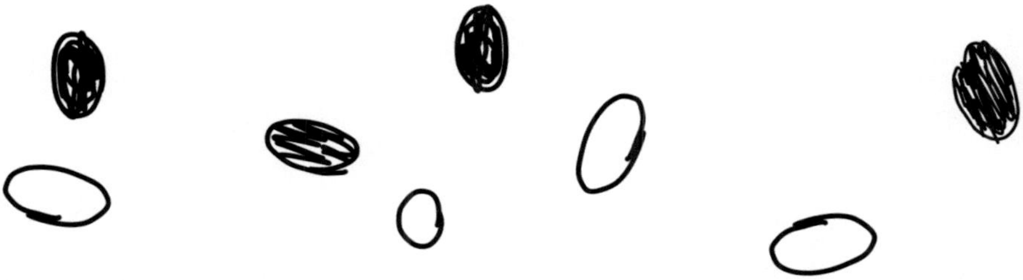

Die guten ins Töpfchen, die schlechten ins Kröpfchen. Male zu jeder dunklen Linse einen Strich, der sie mit dem dunklen Topf verbindet. Male bei den hellen Körnern einen Strich zum hellen Topf.

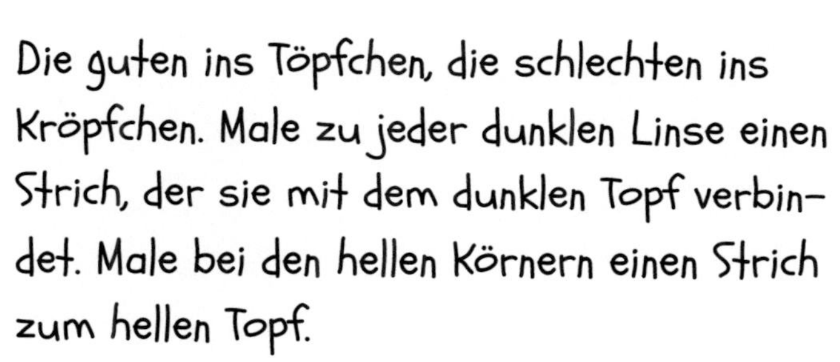

Vernichte endgültig

Schwärze auf jeder Seite, wo es auftaucht, das Wort „Weihnachten".

Ich kann Kreise malen

Zeichne über jeden Engel einen Heiligenschein.

Wahr oder falsch?

Reiße falsche Aussagen am Rand ein.

Nachdem du alle Fragen gespielt hast, blättere um und du siehst die Lösung.

In Schweden bringt die Geschenke ein Ziegenbock.

In Finnland wird an Weihnachten Zweige vom Baum geraucht.

In Katalonien gibt es als Krippendeko die Figur des „Scheißers" – eine hockende Gestalt mit heruntergelassener Hose inklusive Häufchen.

In Japan hängen am Weihnachtsbaum kleine Sushi-Sterne.

In Brasilien reist der Nikolaus per Helikopter.

In Tschechien gilt es als Unglücksbringer, wenn an Weihnachten jemand mit dem Rücken zur Tür sitzt.

Wer am 24. Dezember als Weihnachtsmann verkleidet zu McDonalds geht, bekommt einen Big Mac gratis.

wahr

---

falsch

---

wahr

---

falsch

---

wahr

---

wahr

---

falsch

Das letzte Einhorn

Schneide allen Einhörnern in diesem Buch das Horn ab – bis auf eins! Dann stimmt der Titel.

Kaltes Vergnügen

Wie wär's mit einem Ausflug an den Nordpol? Halte das Buch unter einen Wasserhahn. Mach es nass. So richtig.

Lege es jetzt über Nacht bei Minusgraden nach draußen. Zu warm? Dann leg es ins Gefrierfach.

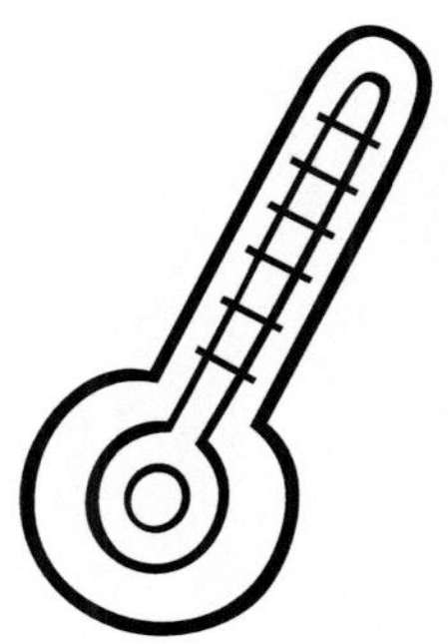

Dein Geschenk - mein Geschenk

In spätestens zwölf Monaten geht alles wieder von vorne los:

Was soll ich bloß schenken?

Eine Sorge weniger hast du schon mal: Schenke dieses Buch im gebrauchten Zustand an denjenigen zurück, von dem du es bekommen hast.